El Pombero

Craig Klein Dexemple

www.spanishcuentos.com

Note from the Author: Thank you for picking up a copy of my book. I hope you will enjoy reading and learning from it. As a comprehensible input and storytelling Spanish teacher, it brings me great joy to share my classroom stories with you. If you need to reach me, don't hesitate to email me at profeklein@spanishcuentos.com

Book designed by Craig Klein Dexemple.
Illustrations by Gabriel Antille.
Interior design and adaptations by Karen Arévalo.

www.spanishcuentos.com

ISBN: 978-1-7339217-0-1

Contenido:

Siento una profunda necesidad de agradecer a la vida, y a las personas que han compartido conmigo el don de su tiempo para la realización de este proyecto.

Estoy especialmente en deuda con mis amigas paraguayas, Ana María Demestri y Ana Leticia Martínez López, quienes me han sumergido en la magia y cultura de su hermoso país. Este proyecto no hubiera sido posible sin su apoyo, consejos y orientación.

También deseo expresar mi sincero agradecimiento a mis amigos Yertty VanderMolen, Maideli García y Jason Noble, quienes me han colaborado y aconsejado en este y otros proyectos.

Agradezco a todos aquellos con quienes he tenido el placer de trabajar, incluyendo a mi madre, esposa e hijos, que me brindan una inspiración inagotable, y a todos ustedes que invierten su tiempo en leer estas páginas. Mil gracias a todos.

Prólogo

Paraguay is a small landlocked country located between Argentina, Brazil and Bolivia. It is not a well-known destination in South America. However, if you ever get the opportunity to visit, you will surely fall in love with its people and culture.

To comprehend the legend of the Pombero, we must understand Paraguayan culture. Many Paraguayans are country people who love nature and therefore believe in the existence of an "elf" who cares for it. The Pombero cares for wild animals and forest trees. It allows people to hunt what they need to eat, but he will get angry if someone hunts excessively.

If the Pombero is your friend, it can guide you to the best prey, and it can make your crops grow and produce in abundance. But if the Pombero discovers that you mistreat animals and are negligent of nature, he can become your worst enemy.

To have the Pombero as an ally, you would need to leave gifts for him at night. Gifts such as liquor, tobacco, and honey are his favorites. In this aspect of the legend, we can also see a glimpse of Paraguayan culture. Paraguayans strongly believe in friendship and gratitude. They demonstrate this belief by offering gifts to the Pombero and, in return, maintaining his friendship.

I thank Profe Klein for choosing to share one of my country's most important legends and thus expose his readers to a lesser known Latin American culture. I ask the reader to immerse himself/herself in reading this story with an open mind to discover other ways of seeing and explaining the world. It is essential to know the world from the simplicity of the countryman who loves nature and, at the same time, is afraid of seeing it neglected. Thus, the Pombero represents a character created to inspire forest care and to discourage those who want to destroy it.

Ana Demestri

La Magíster Ana Demestri nació en Buenos Aires, Argentina. Sin embargo, como hija de paraguayos, desde pequeña aprendió a amar la cultura paraguaya, sus canciones y sus leyendas. A los 8 años se mudó al Paraguay y allí aprendió también a amar a su gente, su simpleza, su hospitalidad, su generosidad y su amor por la tierra. Concluyó sus estudios de Licenciatura en Educación en la Universidad Católica de Asunción y posteriormente su Maestría en Investigación Educativa en la Universidad Nacional de Asunción. Hoy vive en Pella, Iowa donde ejerce como profesora.

What you should know

Known mainly in Paraguay, Brazil, and Argentina, the Pombero is a hairy dwarf-like creature. He has long arms, large hands, and inverted feet that create footprints leading to its starting point, making him very difficult to track. He wears a large straw hat and walks around without any clothes, but his long beard and hair cover his body. As a forest dweller, he can imitate the sounds of various forest creatures. According to the Guarani (Paraguay's indigenous people) legend, the Pombero is the protector of the forest and the animals within it.

It makes him very angry to see people cutting trees, hunting for pleasure, or killing more prey than they can consume.

His name should never be pronounced aloud. This act truly irritates him! Often people refer to him as Kara'i Pyhare (man of the night, in Guarani) to avoid saying his real name.

The Pombero can either be a friend or an enemy to the people, depending on their actions. People can win his friendship by offering him gifts. He loves honey, tobacco, and liquor!

If the Pombero becomes a friend, he will take care of the family, the house, the crops, and the livestock. He is known to guide friends in hunting the biggest animals, catching the fattest fish, and picking the best fruits of the forest. He also helps friends find lost objects.

However, if you make him angry, the Pombero can be extremely naughty and often cruel. His abilities as a troublemaker are varied: He mostly comes out at night to torment farmers by stealing or hiding objects, pooping in their yards, setting livestock loose, trashing homes, and destroying crops. Still, people accuse the Pombero of more serious things.

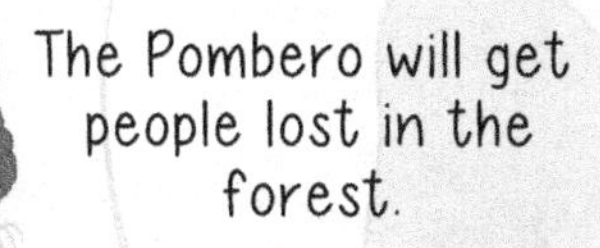

The Pombero will get people lost in the forest.

A simple touch of his hairy hands can cause severe shivers or amnesia.

The Pombero is known to kidnap people, especially children who kill birds and other animals from the forest.

A woman can become pregnant if the Pombero touches her belly.

Some say babies who are born ugly and hairy are likely the result of a visit from the Pombero.

No one can keep him out of the house due to his silent movements and other supernatural abilities, such as being able to turn invisible and squeeze through impossibly narrow spaces.

It may sound a little silly to outsiders, but the Pombero is taken quite seriously by the locals. People take him so seriously that it is not uncommon to see stories about him in local and even national news.

La mudanza

Asunción es la capital de Paraguay. Es una ciudad muy bonita, pero hay muchos carros, ruido y estrés.

En Asunción vive una familia:

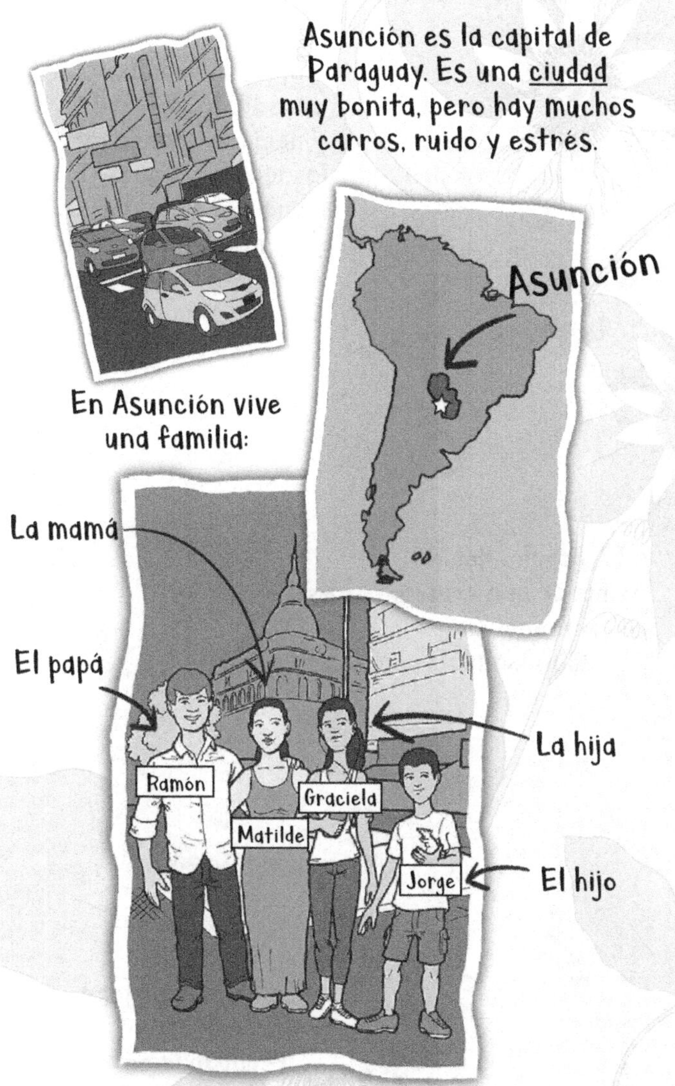

Graciela tiene 17 años y Jorge tiene 11 años. A Graciela le gusta escuchar música y hablar por teléfono. A Jorge le gustan mucho los animales.

Ciudad - City

El papá y la mamá están cansados del estrés y deciden abandonar la ciudad. El papá y la mamá quieren vivir en el campo. Quieren una vida en el campo para su familia.

La familia decide comprar una granja, con una casa abandonada.

La mamá empieza inmediatamente a reparar la casa.

El campo - The countryside
Empieza - Starts

El papá limpia y
decora.

Jorge está
contento en el
campo. Jorge
juega con
las gallinas
y otros
animales.

Graciela no está contenta en el campo.
Es una adolescente, tiene 17 años, y piensa mucho
en sus amigos y en su novio. Su novio vive en
Asunción, la capital de Paraguay.

Limpia - Cleans
Gallinas - Hens

En el campo, hay muchos muchachos, pero a Graciela no le gustan los muchachos del campo. Graciela prefiere los muchachos de la ciudad.

A Graciela no le gusta la escuela en el campo. Es una escuela muy pequeña, no hay internet, y los animales del campo entran a los salones de clase.

A Jorge le gusta el campo. Tiene muchos amigos. Jorge y sus nuevos amigos capturan insectos, ranas y serpientes.

En el campo los niños se suben a los árboles y comen guayabas, mburukuja y otras frutas del campo. La vida en el campo es perfecta para Jorge, pero es terrible para Graciela. Graciela odia el campo.

Una tarde después de la escuela, la familia recibe una visita. Una anciana toca la puerta.

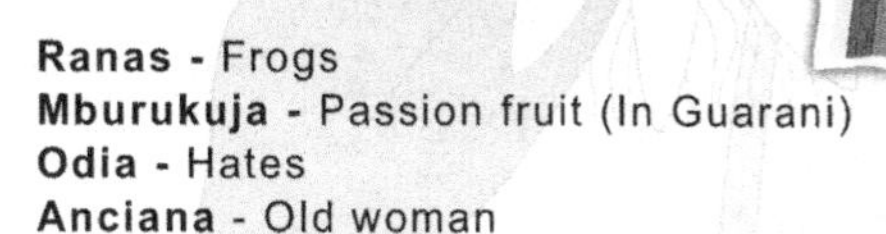

Ranas - Frogs
Mburukuja - Passion fruit (In Guarani)
Odia - Hates
Anciana - Old woman

La mamá abre la puerta. La señora les ofrece sopa paraguaya y les dice en guaraní:

El papá y la mamá le ofrecen tereré.

Mba'éichapa reiko? - How are you?
Iporâ - Good
Tereré - Traditional cold drink

¡Hola Ñambi! Me llamo Matilde.
Mucho gusto.
¡Hola! ¿Cómo te llamas?
Me llamo Jorge.

Ñambi se sienta en la mesa con la familia.

Al final de la visita, Ñambi le susurra algo al papá.

Susurra algo - Whispers something
Tengan cuidado con - Be careful with

Ñambi explica susurrando:

El papá es una persona educada, y no cree en mitos y en leyendas.

Bosque - Forest
Puede ser - He can be
No cree - Doesn't believe

Lo siento - I'm sorry

La Granja

El papá planta bananas

y caña de azúcar.

Corta árboles para crear más espacio. El papá también construye un corral para dos vacas, un caballo y muchas gallinas.

Corta árboles - Cuts trees

El papá está contento. Sin embargo, en la granja empiezan a suceder cosas extrañas.

Sin embargo - However
Suceder - To happen

Sin explicación - Without explanation

Se desaparecen sin explicación.

Un día, la puerta del corral se abre sola.

Las vacas y el caballo escapan. ¡Qué extraño! El papá corre e inspecciona.

El papá ve huellas de humano.

¡Está furioso!

El papá agarra un rifle

y sigue las huellas por muchas horas.

Sigue - Follows

pero no encuentra nada.

El papá está confundido.

No encuentra - doesn't find

Rebelde

Graciela está frustrada en el campo. En el campo hay muchos insectos, no hay internet y hace mucho calor.

Graciela sale de
la casa y ve popó.
¡Mucho popó! Huele
muy mal.
¡Papá!
¡Qué asco!
Graciela, en el campo
hay muchos animales,
y los animales hacen
popó.

El papá no sabe exactamente qué animal hace popó alrededor de la casa, pero él limpia el popó todos los días.

Graciela quiere regresar a la ciudad. No quiere vivir rodeada de árboles, insectos y popó.

Alrededor - Around
Quiere regresar - Wants to return

Pio pí
Pipepé
A Graciela no le gustan los muchachos del campo, no le gusta la escuela del campo, no le gustan los insectos, no le gusta el popó, y no le gusta el ruido de los pájaros.
Pio pi
Pi pe pio
Graciela les tira rocas a los pájaros.
¡Silencio!
El Pombero ve como Graciela les tira rocas y no está contento.
GRRR

Graciela está cansada, y accidentalmente se sienta encima de un popó enorme.

Graciela huele mal, está frustrada... y grita:

De repente una criatura extraña sale del bosque. Es un hombre pequeño con un sombrero. Tiene mucho pelo, manos grandes, barba muy larga y los pies al revés.

Sale - Comes out
Al revés - Backwards

Graciela está petrificada. No se mueve. Tiene mucho miedo.

El Pombero se acerca y toca su estómago con un dedo.

De repente, su estómago crece.

¿Quién eres? - Who are you?
Crece - Grows

El Pombero se ríe y desaparece en el bosque.

Graciela regresa a casa. El papá y la mamá al ver el estómago tan grande están sorprendidos y furiosos.

¿Estás embarazada? - Are you pregnant?
Pensé que no te gustaban - I thought you didn't like

Graciela está preocupada y confundida.
Graciela les explica llorando:

Meses después Graciela tiene un bebé. La familia está sorprendida. Es un bebé extraño. Tiene mucho pelo, tiene orejas y ojos extraños. También tiene los pies al revés.

El bebé es feo, pero Matilde está contenta.

Jorge mata pájaros

Jorge está contento en el campo. Le encanta capturar animales. Es un niño muy valiente. Captura serpientes peligrosas y escorpiones.

Desafortunadamente, también mata pájaros con una resortera.

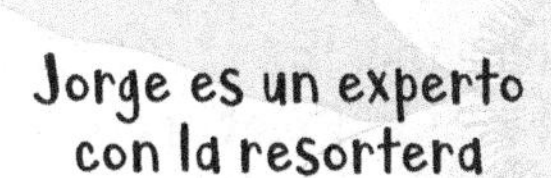

Jorge es un experto con la resortera

Le encanta - Loves
Valiente - Brave
Resortera - Slingshot

Ding ding ding

Un día escucha un Pájaro Campana.

Ding ding ding

y entra en el bosque. Quiere matar un Pájaro Campana.

...pero no es un Pájaro Campana. ¡Es el Pombero! El Pombero imita los sonidos de los animales del bosque.

Jorge camina y camina por el bosque siguiendo el sonido del Pájaro Campana. Busca por una hora, pero no encuentra nada.

Jorge se sienta encima de una roca para descansar. Su resortera desaparece.

Camina - Walks

Los arbustos se mueven - The bushes move

De repente, ve a una criatura horrible.
¿El Pombero?
Jorge es valiente. Agarra una roca y le dice:
¡No tengo miedo!
...pero el Pombero imita a un jaguar.
GROARR

Jorge tiene miedo y corre.

¡Ay no!
Jorge se cae.

El Pombero se ríe y salta encima de Jorge. Jorge tiene mucho miedo.

No recuerda nada - Doesn't remember anything

El Pombero <u>lleva</u> a Jorge al corral.

Finalmente, su mamá lo encuentra en el corral con las gallinas y las vacas. Jorge está vivo, pero no habla, no recuerda nada y la saliva sale de su boca.

El papá decide llevarlo en su caballo a un hospital en el pueblo.

Está vivo - Is alive
Lleva - Carries

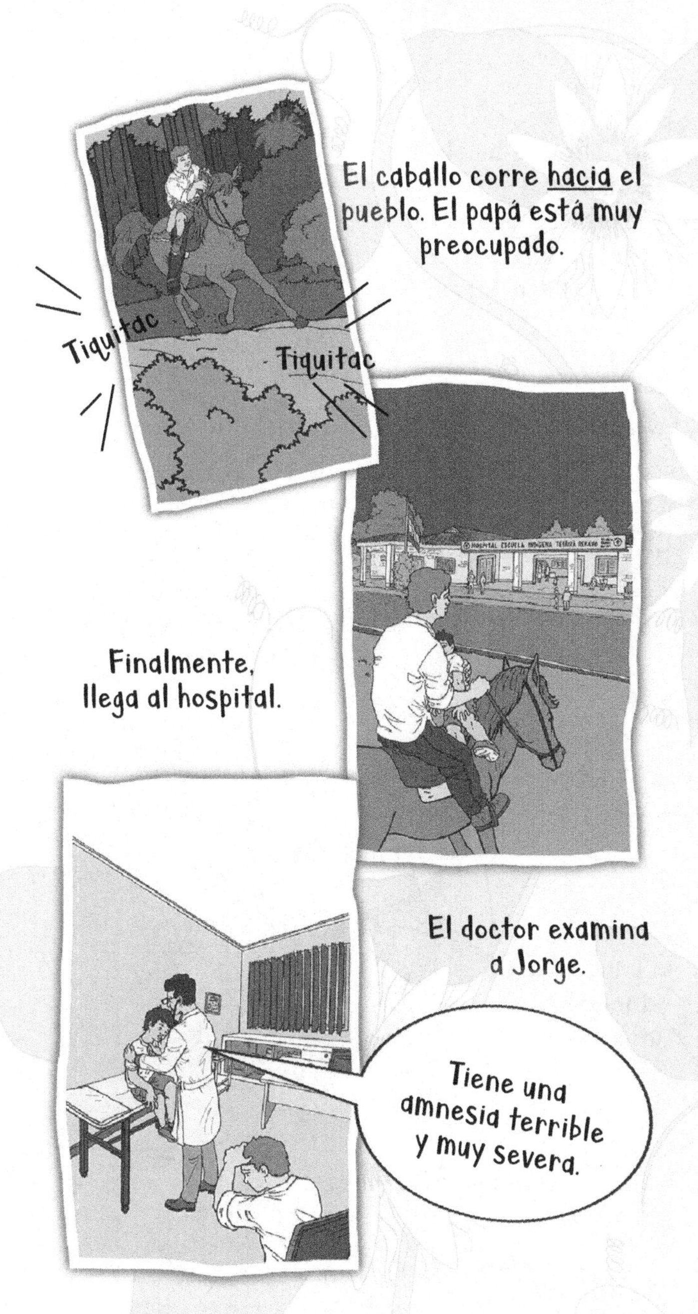

Hacia - Towards

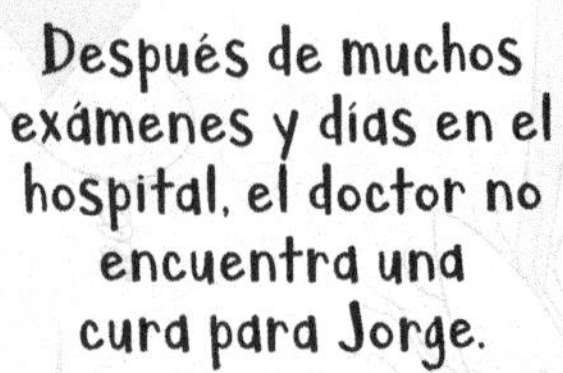

Después de muchos exámenes y días en el hospital, el doctor no encuentra una cura para Jorge.

Finalmente, el papá decide regresar al campo con su hijo Jorge.

Por el camino, el papá ve a un anciano con un sombrero.

¿Qué tiene? - What's wrong?

Ella puede ayudar - She can help

Ñambi le ofrece tereré al papá.

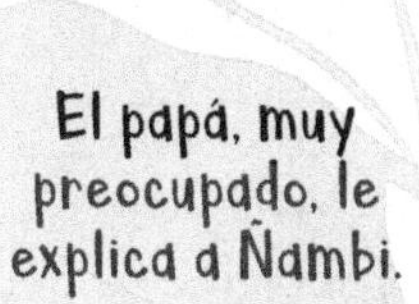

Ñambi está preocupada por Jorge.

El papá, muy preocupado, le explica a Ñambi.

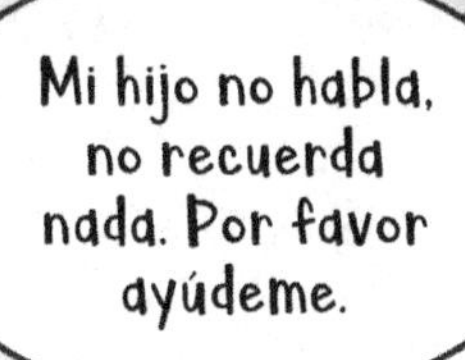

Ñambi examina a Jorge, Jorge no habla ni responde...

Ñambi huele las manos

Hizo esto - Did this

¡Por favor, Ñambi!
El Pombero es una
leyenda.
Shhhh
El Pombero es real.

El papá es una persona educada y no cree en leyendas. El papá está frustrado y sale de la casa de Ñambi.

Espera - Wait

Lobos de crin
Aguara Guasu

Una noche, el papá escucha ruidos en el corral.
CACAKI
KIKIKE
KIKIKA
Agarra el rifle y la lámpara de kerosén.

El papá sale de la casa y ve como un lobo de crin se lleva una gallina. El papá dispara, pero no mata al lobo de crin. El lobo de crin escapa y roba la gallina.

El papá está furioso y quiere matar lobos de crin.

El papá usa una gallina para atraer a los lobos de crin

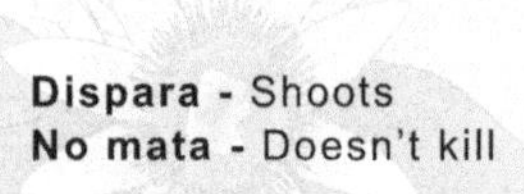

Dispara - Shoots
No mata - Doesn't kill

y observa en silencio desde la distancia.

Dos horas después, llegan tres lobos de crin.

El papá dispara y mata dos lobos de crin.

El papá está contento y exhibe orgulloso los lobos muertos frente a su casa.

Orgulloso - Proud

Al día siguiente, el papá tiene problemas en la casa. No encuentra nada.

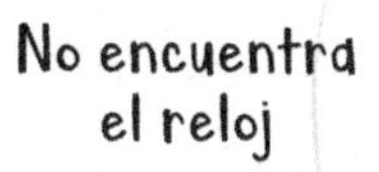

No encuentra el reloj

y no encuentra un zapato.

El papá está frustrado.
¿Dónde está mi zapato?
¿Dónde están mis pantalones?

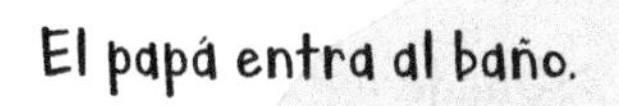

El papá entra al baño.

El Pombero pasa por debajo de la puerta.

El papá lee un libro y no ve al Pombero.

El pombero roba el papel higiénico.

Lávate las manos - Wash your hands
Tráeme - Bring me

El papá sale en ropa interior y con un zapato en busca de algunas bananas.

No hay bananas en la plantación. El papá ve un mono en un árbol y piensa:

El papá está furioso, quiere matar a todos los monos.

El papá está furioso y regresa a casa. Agarra el rifle

y va al bosque montando su caballo para buscar a los monos.

El papá ve monos en el bosque y dispara, pero los monos escapan.
PUN
PUN
PUN
El papá busca más monos en el bosque.

De repente, el caballo ve algo y salta.

El papá se cae del caballo. El caballo tiene miedo, corre y desaparece en el bosque.

El papá camina por el bosque, pero <u>está perdido</u>. El bosque se ve diferente. No hay <u>salida</u>.

Está perdido - Is lost
Salida - Exit

El papá busca y sufre por dos días, pero no encuentra la salida. No encuentra la casa.
El papá está perdido en el bosque. El papá tiene hambre, tiene sed. Está exhausto.
JE JE JE
El papá tiene hambre y busca frutas, pero los árboles del bosque no tienen frutas.
JE JE JE

Está cansado y tiene sed, pero no encuentra agua.

De repente, el Pombero ataca

y arrastra al papá.

El Pombero arrastra al papá por dos horas.

Arrastra - Drags

El papá está en coma. No habla, no responde y no se mueve.

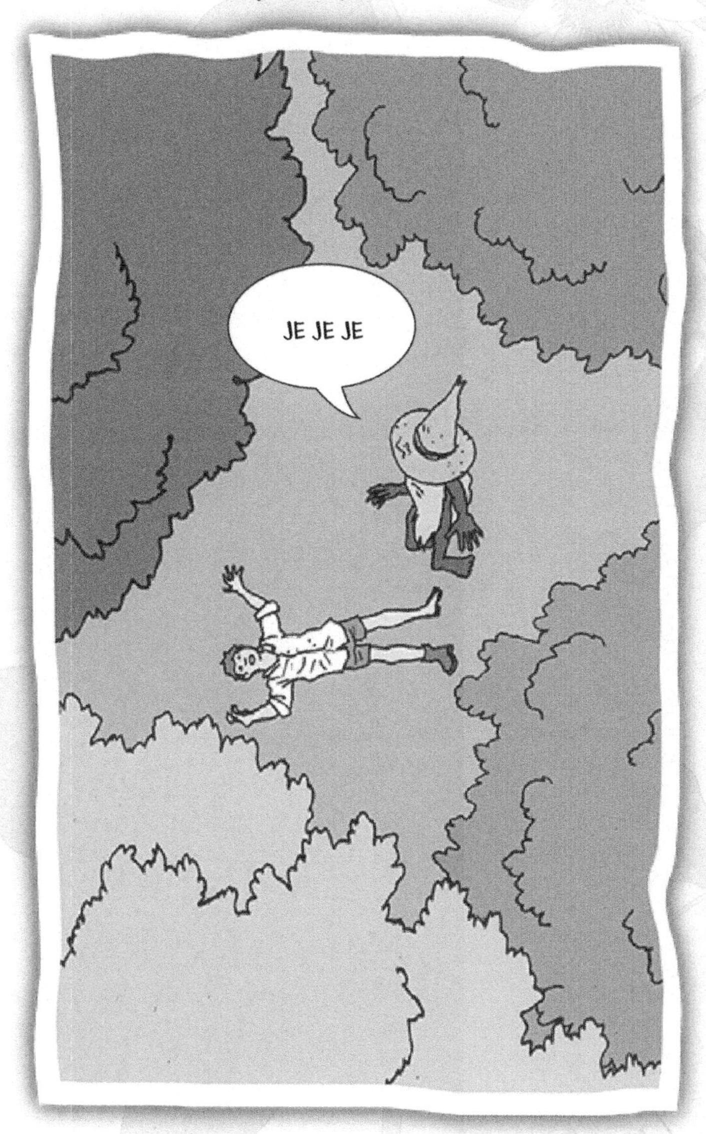

Ñambi explica

La mamá está nerviosa y tiene mucho miedo. El papá no regresa.

El bebé de
Graciela
desaparece.

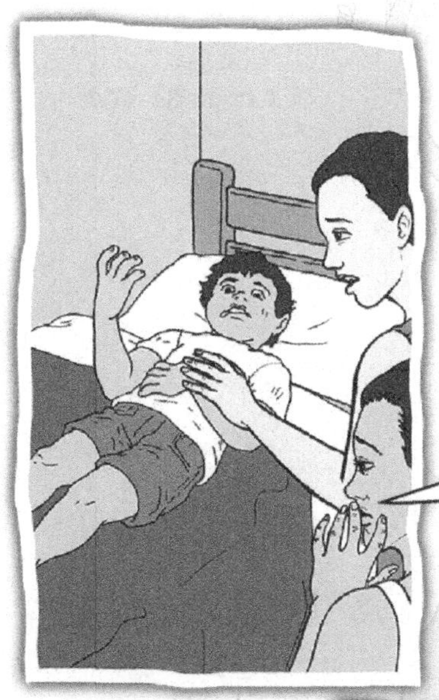

Jorge tiene una amnesia terrible. Graciela también tiene miedo.

Mamá, tengo miedo.

Los problemas continúan. La puerta del corral se abre en la noche. Las vacas y las gallinas se escapan.

La ropa se cae

y las cosas desaparecen.

La mamá está desesperada y quiere regresar a Asunción. Graciela también quiere regresar a la capital.

Un día llega la anciana Ñambi a la casa otra vez.

Ñambi les ofrece chipa fresca y deliciosa. Ñambi está contenta, pero la mamá y Graciela no se ven muy contentas.

Ñambi se sienta y come chipa fresca y toma tereré con la familia. Ñambi ve que la mamá y Graciela están preocupadas.

No, tengo mucho miedo.
Mi esposo desapareció, el bebé de Graciela desapareció, Jorge está enfermo. En la casa pasan cosas muy extrañas todos los días.
Yo también tengo miedo.
Ñambi susurra
El Pombero causa todos sus problemas.

Ñambi continúa explicando:

Ser amigos del - To be friends with

Es posible que el bebé nunca regrese si es hijo del señor de la noche, pero sí es posible encontrar la solución a otros problemas
¿Amigos de una criatura horrible? ¡No quiero ser amiga del Pombero!

SHHHH
No puedes decir su nombre.

No podemos - We can't
Regalos - Presents

No maten animales del bosque...
No corten los árboles..
...si no es realmente necesario.

Ñambi continúa explicando y les pasa un papel con unas frases escritas.

Cuando tengan - When you have

Te ofrezco - I offer you

Jajoecha peve - See you later (In Guarani)
Aguije - Thank you (In Guarani)

Protector de la familia

El Pombero llega todas las noches y los regalos desaparecen.

También los problemas desaparecen.

Cuando la mamá no encuentra algo, lee la nota.

Cuando - When

Pombero, Pomberito: Encuentra mi zapatito y te ofrezco un regalito.
Inmediatamente, las cosas aparecen.

Graciela sale al bosque y siempre encuentra frutas grandes y deliciosas.

La mamá va al río y captura los peces más gordos.

Las vacas y las gallinas viven felices porque los animales del bosque nunca las atacan.

El Pombero es el guardián de la casa y es amigo de la familia.

Una noche la mamá está triste porque ve a su hijo Jorge muy enfermo.

También está triste porque el papá no regresa a casa.

La mamá cierra los ojos y dice:

Pombero, Pomberito: Cura a mi hijito y te ofrezco un regalito.

Pombero, Pomberito: Encuentra a mi esposo y te ofrezco un regalito.

En la mañana - In the morning

La mamá corre hacia Jorge.

Hacia - Towards

y <u>abraza</u> a su hijo. La mamá cierra los ojos y susurra:

Abraza - Hugs

De repente, el papá sale del bosque. Está confundido y muy cansado, pero está bien.
La mamá ve a su esposo. Está sorprendida, pero muy contenta.
¿Ramón?

La mamá corre y abraza a su esposo.

Un año después

Ramón, Matilde y Jorge continúan viviendo en el campo.

Graciela regresó a la ciudad para estudiar arquitectura en la Universidad Nacional de Asunción.

La familia Ayala
continúa buscando
al bebé de Graciela
DESAPARECIDO
y ofreciéndole
regalos al
Pombero.
TABACO

Datos curiosos:

Pájaro Campana: The Bare-throated bellbird is the national bird of Paraguay.

Flor del Mburucuyá: The passion fruit flower is the national flower of Paraguay.

Tereré: Paraguay's version of iced green tea is a refreshing summer drink made with yerba mate.

Sopa paraguaya: Paraguayan soup is not a soup; in fact, it's more like a cheesy cornbread.

El lapacho: The pink trumpet tree is Paraguay's national tree.

Aguara Guasu: The maned wolf is the largest canid of South America, and it is native to Paraguay.

Chipa: A traditional cheese bread from Paraguay made with cassava flour.

Camiseta de fútbol: Paraguay's national red and white soccer jersey.

Bilingüismo: Most people in Paraguay are bilingual. They speak Spanish and Guarani.

Diccionario

Abraza Hugs
Abre Opens
Abuela Grandma
Accidentalmente Accidentally
Adiós Goodbye
Adolescente Teenager
Agarra Grabs
Agua Water
Aguyje Thank you (In Guarani)
Al final At the end
Al revés Backwards
Al siguiente The next
Algo Something
Algunos Some
Alrededor Around
Alta Loud/Tall
Amigos Friends
Amor Love
Anciano/a Old man/woman
Años Years
Apaga Turns off
Aparecen Appear
Árboles Trees
Arbustos Bushes
Asunción The capital of Paraguay
Atacan Attack
Atraer Attract
¡Ay no! Oh no!
Ayuda Help
Baño Bathroom
Barba Beard
Bebé Baby
Bienvenidos Welcome
Boca Mouth
Bonita Pretty
Bosque Forrest
Bueno Good
Buenos días Good morning
Busca Looks for
Caballo Horse
Cabeza Head
Cae Falls
Cama Bed
Camina Walks
Camino Path
Campana Bell
Campo Countryside
Caña de azúcar Sugarcane
Carros Cars
Casa House
Causa Causes
Chipa Traditional cheese bread
Cierra Closes
Ciudad City
Clase Class
Come Eats
Como How
¿Cómo te llamas? What's your name?
Comprar To buy
Comprendo I understand
Con With
Construye Builds
Continúa Continue
Corre Runs
Corta Cuts
Cosas Things
Crear To create
Crece Grows
Cree Believes
Criatura Creature
Cura Cure
De Of
De repente Suddenly
Debajo Under
Decir To say
Decora Decorate
Dedo Finger
Del From
Depresión Depression
Desafortunadamente Unfortunately
Desaparece Disappear
Descansar To rest
Desde From

Después After
Detrás de Behind
Días Days
Dice Says
Diferente Different
Dispara Shoots
Distancia Distance
¿Dónde está..? Where is..?
Dos Two
Educado/a Educated
Él He
El The
Ella She
Embarazada Pregnant
Empieza Starts
En In
En serio Seriously
Encima de On top of
Encontrar To find
Encuentra Finds
Enfermo Sick
Entra Enters
Es Is
Escapan They escape
Escorpiones Scorpions
Escritas Written
Escucha Hears
Escuela School
Espacio Space
Espera Waits
Esposo Husband
Está cansado Is tired
Está confundido Is confused
Está contento Is happy
Está desesperada Is desperate
Está enfermo Is sick
Está exhausto Is exhausted
Está frustrado/a Is frustrated
Está furioso Is furious
Está perdido Is lost
Está preocupada Is worried
Está sorprendida Is surprised
Estado State
¿Estás bien? Are you ok?
Estómago Stomach
Estrés Stress
Estúpidos Stupid
Exactamente Exactly
Examina Examines
Exhibe Exhibits
Explica Explains
Explicando Explaining
Extraño/a Strange
Feo Ugly
Finalmente Finally
Frases Sentences
Frente a In front of
Fresca Fresh
Frutas Fruits
Gallina Hen
Gordos Fat
Grandes Big
Granja Farm
Grita Screams
Guayabas Guava
Gusta Likes
Habla Speaks
Hablar To speak
Hace calor It's hot
Hace popó Poops
Hay There is/are
Hija Daughter
Hijito Little son
Hijo Son
Hizo Did
Hola Hi
Hombre Man
Horas Hours
Huele Smells
Huellas Footprints
Huevos Eggs
Imita Imitates
Increíble Incredible
Inmediatamente Immediately
Inspecciona Inspects
Iporâ Good (In Guarani)
Jajoecha peve See you later (In Guarani)
Juega Plays
Kerosén Kerosene
La The
Lámpara Lamp
Larga Long
Las The
Le To him/her
Lee Reads

Les To them
Leyendas Legends
Libro Book
Limpia Cleans
Llega Arrives
Lleva Carries
Llevarlo To take him
Llorando Crying
Lo siento Excuse me/ I'm sorry
Lobos de crin Maned wolves
Los The
Luz Light
Malo Bad
Manos Hands
Mañana Tomorrow
Más More
Mata Kills
Matar To kill
Mba'eichapa reiko? How are you? (In Guarani)
Mburukuja Passion Fruit (In Guarani)
Me gusta I like
Me llamo My name is
Mesa Table
Meses Months
Mi My
Miedo Fear
Miel Honey
Mientras While
Mitos Myths
Mono Monkey
Montando Riding
Muchachos Boys
Mucho A lot/Many
Mucho gusto It's a pleasure
Mudanza The move
Muere Dies
Muy Very
Nada Nothing
Necesario Necessary
Necesitas You need
Ni Nor
Niño Boy
No tengo miedo I'm not scared
Noche Night
Nombre Name
Novio Boyfriend
Nuevos New
Nunca Never
Observa Observes
Odio Hate
Ofrece Offers
Ofrenda Offering
Ojos Eyes
Orejas Ears
Orgulloso Proud
Otra vez Again
Otras Others
Pájaros Birds
Pantalones Pants
Papel higiénico Toilet paper
Para To
Paraguay South American Country
Pasa Passes
Peces Fish
Peligrosas Dangerous
Pelo Hair
Pensé I thought
Pequeño Small
Perfectamente Perfectly
Pero But
Persiguiendo Chasing
Persona Person
Petrificada Petrified
Piensa Thinks
Pies Feet
Planta Plants
Pobre Poor
Pone Puts
Popó Poop
Por favor Please
Porque Because
Prefiere Prefers
Pregunta Asks
Problemas Problems
Pronuncien Pronounce
Pueblo Village
Puede Can
Puede ser Can be
Puedo I can
Puerta Door
¡Qué asco! How disgusting!
¡Qué extraño! How strange!
¡Qué ridículo! How ridiculous!

Qué What
Quién Who
Quiere Wants
Ranas Frogs
Rebelde Rebellious
Recibe Receives
Recomienda Recommends
Recuerda Remembers
Regalito Little present
Regresa Returns
Regresar To return
Reloj Watch
Reparar To repair
Repitan Repeat
Resortera Slingshot
Roba Steals
Roca Rock
Rodeada Surrounded
Ropa Clothes
Ropa interior Underwear
Ruido Noise
Sabe Knows
Sale Exists
Salida Exist
Salta Jumps
Se acerca Approaches
Se cae Falls
Se desordenan Get messed up
Se le pierde Loses
Se levanta Gets up
Se mueve Moves
Se ríe Laughs
Se sale Comes out
Se sienta Sits
Se suben They go up
Señora Mrs./Lady
Ser To be
Serpientes Snakes
Severa Severe
Siempre Always
Siete Seven
Sigue Follows
Siguiendo Following
Sin embargo However
Sin Without
Sola Alone
Solución Solution
Sombrero Hat
Sopa guaraní Dry soup
Soy I am
Su Your
Suceder To happen
Susurra Whispers
Susurrando Whispering
Tabaco Tobacco
También Also
Tan So
Tarde Afternoon
Te ofrezco I offer you
Teléfono Telephone
Tengo I have
Tiene hambre Is hungry
Tiene Has
Tiene sed Is thirsty
Tienen que They/you have to
Tira Throws
Toca Knocks/Touches
Tocó Touched
Todos All
Toma Drinks
Tráeme Bring me
Traje I brought
Tres Three
Un/a A/An
Usa Uses
Va Goes
Vacas Cows
Valiente Brave
Ve Sees
Ventana Window
Ver To see
Vida Life
Vive Lives
Vivir To live
Voz Voice
Y And
Zapato Shoe

Made in the USA
Monee, IL
23 January 2022